上海耀中国际学校中文教材编写委员会

U0124700

愉快学汉语

YU KUAI XUE HAN YU

第 三 册

世界图书出版公司

上海 · 西安 · 北京 · 广州

图书在版编目(CIP)数据

愉快学汉语(第三册)/上海耀中国际学校中文教材编写委员会编著. —上海：上海世界图书出版公司,2006.8

ISBN 7-5062-7925-8

Ⅰ.愉… Ⅱ.上… Ⅲ.汉语-对外汉语教学-教材 Ⅳ.H195.4

中国版本图书馆 CIP 数据核字(2006)第 010956 号

愉快学汉语(第三册)

上海耀中国际学校中文教材编写委员会编著

上海世界图书出版公司 出版发行

上海市尚文路 185 号 B 楼

邮政编码 200010

上海新艺印刷有限公司印刷

各地新华书店经销

如发现质量问题,请与印刷厂联系

质检处电话：021-56683130

开本：889×1194 1/16 印张：9 字数：215 000

2006 年 8 月第 1 版 2006 年 8 月第 1 次印刷

印数：1-3 500

ISBN 7-5062-7925-8/H·648

定价：78.00 元

http://www.wpcsh.com.cn

本教材及配套练习各五册,每册语言训练各有侧重,但都同时兼顾听、说、读、写的均衡发展。本教材专为中文为非母语的学生设计和编写,可作为学校中文非母语教学的系统教材,亦是学生自学的首选。

每册的主要特色是:

第一、二册听、说领先,培养语感,激发兴趣。

第三册承前启后,引发阅读兴趣,培养良好的阅读习惯。

第四、五册读、写并重,掌握阅读技巧,学习写作方法。

课文图文并茂,练习形式丰富。

创设愉快的学习氛围,在循序渐进中轻松习得。

编写委员会:陈保琼　吕子德　张　泓　何维佶

本册编写:何维佶　曹　薇　侯晓波　王苇杭　陈　赟　李　娜

统　　稿:张　泓　何维佶

鸣　　谢:郑伟鸣

封面照片:上海耀中国际学校学生

Paul Bachelier (法国)

Rosemary Johnstone (新西兰)

Jay Edwards (英国)

Lee Kyung Min (韩国)

Hilst Lucas Vargas (巴西)

Nicholai Verchok (俄罗斯)

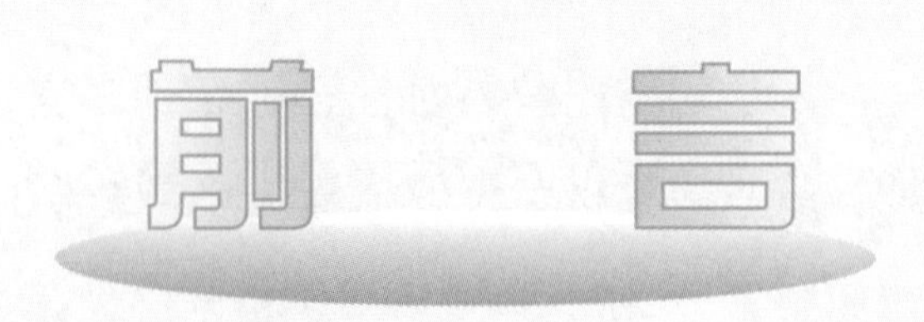

本系列教材由上海耀中国际学校编写。上海耀中创建于1993年，作为中国大陆最早的境外投资的国际学校之一，上海耀中涉足汉语作为非母语的教学领域已达十年之久。建校之初，难以找到一套既适合中、小学生使用又符合先进教学理念的对外汉语教材，因而，耀中开始了自力更生，自创教材的探索之路。

根据语言最基本的功能：交际功能，耀中采用了自然学习语言的教学方法。这套教材就是在这样的教学理念与多年的教学实践基础上应运而生的。

本系列教材共分五册，每册都配有练习册。每册教材在语言训练方面各有侧重，但都同时兼顾学生听、说、读、写各方面的均衡发展。第一、二册教材将重点放在听、说训练上，同时潜移默化地进行拼音和汉字书写的教学。经过第一、二册的学习，学生基本上可在日常学习和生活中运用汉语来进行交流，掌握基本汉字的读写，并熟练运用汉语拼音这一语言工具。第三册将负担起教学重点由听、说到读、写的过渡。通过学习短小而有趣的课文，学生将养成良好的阅读习惯，掌握基本的阅读技巧。同时，学生的写作也将实现由句到段的飞跃。第四、五册将以读、写为教学重点，实用性问题占有相当的比重。通过阅读各类应用文，学生的词汇量得到扩展，并使他们能灵活运用多种阅读技巧，从阅读中获取大量的信息，同时还能使他们学会各类应用文的写作方法，更充分地体验语言的交际性功能。

从1998年起至今，历年修完这套教材的学生参加英国剑桥大学的IGCSE汉语作为外语的大学预科入学考试，都取得了优异的成绩。

好东西愿与大家共享。值耀中七十周年志庆，我们将此教学成果整理出版，愿为所有踏上汉语学习之旅的朋友们提供一条切实可行而又风光无限的道路。

陈宝琼 博士
耀中教育机构校监

Foreword

This set of books is compiled by Yew Chung International School – Shanghai.The school was founded in 1993 as one of the first international schools on the Chinese mainland with overseas investment. So far, it has taught Chinese as an additional language for 10 years. When the school first opened, it could not find materials for teaching Chinese to foreigners that suited secondary and primary students and were in line with advanced teaching concepts.Yew Chung therefore began a path that relies on itself and produces its own teaching materials.

Basing on the most basic function of a language – for communication,we have adopted the method of learning language in the natural way. This set of teaching materials is the outcome of this teaching concept and practice of many years.

There are five volumes in this set of teaching materials with each having a volume of accompanying exercises.Each volume has an emphasis on language training, but all of them have taken account of the balanced development of students in listening, speaking, reading and writing.Volume 1 and 2 emphasize on listening and speaking,and at the same time teach pinyin and writing in a subtle way. Through the learning in Volume 1 and 2, students can basically use Chinese in their routine study and lives, read and write the basic Chinese,and use pinyin as a reading tool. Volume 3 will provide the transition of teaching focus from listening and speaking to reading and writing. Through the learning of short but interesting essays, students will form a good reading habit and master the basic technique of reading.At the same time,students' writing ability will take a great stride from forming a sentence to forming a paragraph.The teaching focus in Volume 4 and 5 will be reading and writing.There will be a high proportion of writing for practical purposes.Through the reading of a large amount of practical writing,students will have their vocabulary enriched, and can use various reading skills to obtain a large quantity of written information.At the same time,students will learn various kinds of practical writing and further develop the communicative and practical functions of the language.

From 1998,our students who completed the study of this course,scored high marks in the Chinese as a foreign language subject of the UK's International General Certificate for Secondary Education Examination.

At the 70th anniversary of Yew Chung, we compile and publish this teaching achievement of ours in order to point to those people, who are dedicated to learning Chinese, a way that is both feasible and joyful.

Dr. Betty Chan Po – king
Director,Yew Chung Education Foundation

mù lù
目 录 Contents

介绍与对话

第一课　我

大家好！我的名字叫大山。我今年九岁了。我是一个勇敢的男孩(hái)。

我是澳(ào)大利(lì)亚(yà)人。我出生在悉(xī)尼(ní)，那是一个美丽的城市。

我去过许多国家，比如：瑞(ruì)士(shì)、泰(tài)国、新(xīn)西兰(lán)、新(xīn)加(jiā)坡(pō)、马来西亚(yà)和中国。我最喜欢中国，因为中国菜特别好吃。

在中国我已经(yǐ jing)住了三年了。我去过中国许多地方，比如：北京、广州(guǎng zhōu)、香港(xiāng gǎng)、西藏(zàng)和海南(hǎi nán)岛。我最喜欢的城市是北京，因为在那里我交了许多中国朋友。

我来上海耀(hǎi yào)中国际学校已经(yǐ jing)一年多了。今年我上三年级。我非常喜欢这个学校，因为在这里我可以学习英(yīng)文和中文。现在，我已经(yǐ jing)学会了两百多个汉字。我的中文老师可喜欢我啦(la)！

我的爱好是

游泳(yǒng)和画画，我

的理想是当一名

外交家。

这就是我。

谢谢大家！

rèn dú hàn zì
【认读汉字】

míng	jiào	yǒng	gǎn	lì	chéng	shì	xǔ	xī	mǎ	cài
名	叫	勇	敢	丽	城	市	许	西	马	菜
dǎo	jiāo	jì	jí	xí	hàn					
岛	交	际	级	习	汉					

mò xiě hàn zì
【默写汉字】

míng	jiào	lì	xī	mǎ	xǐ	xǔ	jí	xí	hàn
名	叫	丽	西	马	喜	许	级	习	汉

xué shuō cí huì
【学说词汇】

yǒng gǎn
勇敢 ..... brave

ào dà lì yà rén
澳大利亚人 ..... Australian

chū shēng
出生 ..... be born

xī ní
悉尼 ..... Sydney

chéng shì
城市 ..... city

xǔ duō
许多 ..... lots of, many

guó jiā
国家 ..... country

bǐ rú
比如 ..... for example, for instance, such as

ruì shì
瑞士 ..... Switzerland

tài guó
泰国 ..... Tailand

xīn xī lán
新西兰 ..... New Zealand

xīn jiā pō
新加坡 ..... Singapore

mǎ lái xī yà
马来西亚.....Malaysia

guó jì
国际.....international

zhōng guó cài
中国菜.....Chinese food

liǎng bǎi duō
两百多.....more than two hundred

tè bié
特别.....very

hàn zì
汉字.....Chinese Character

yǐ jing
已经.....already

ài hào
爱好.....hobby

guǎng zhōu
广州.....Guang Zhou

yóu yǒng
游泳.....swim

xiāng gǎng
香港.....Hong Kong

lǐ xiǎng
理想.....ideal, dream

xī zàng
西藏.....Xi Zang(Tibet)

dāng
当.....work as, to be

hǎi nán dǎo
海南岛.....Hai Nan Island

wài jiāo jiā
外交家.....diplomat

jiāo péng you
交朋友.....make friends

jiù shì
就是.....exactly

xué shuō jù zi
【学说句子】

wǒ chū shēng zài xī ní
1. 我出生在悉尼。

wǒ zuì xǐ huan zhōng guó yīn wéi zhōng guó cài tè bié hǎo chī
2. 我最喜欢中国，因为中国菜特别好吃。

wǒ qù guò xǔ duō dì fang bǐ rú běi jīng guǎng zhōu

3. 我去过许多地方，比如：北京、广州、

xiāng gǎng hé shàng hǎi

香港和上海。

wǒ de lǐ xiǎng shì dāng yì míng wài jiāo jiā

4. 我的理想是当一名外交家。

第二课　特别的中文班

大山：你早，小兰！

小兰：你早，大山！你的中文作业做(zuò)完了吗？

大山：做(zuò)完了。我觉得(de)今天的作业有点难，有两个汉字，我不会读。

小兰：没关系（méi guān xì）。你学习中文只有一年，我已经（yǐ jing）学了两年多，我可以帮助（zhù）你。

大山：你真是太好了，谢谢你！

小兰：不客气。你知道吗，我们的中文班很特别。

大山：很特别？

小兰：是啊（a），我们班有二十个同学，他们来自不同的国家。

大山：对，有的是美国人，有的是澳（ào）大利（lì）亚（yà）人，有的是法（fǎ）国人，有的是英（yīng）国人，还有的是韩（hán）国人和日本（běn）人。

小兰：你别忘了，还有我，我是德（dé）国人。我们大家学习中文的时（shí）间也不一样，有

的长，有的短。

大山：我们学中文，有的人学得(de)快，有的人学得(de)慢(màn)。

小兰：所以，有的人觉得(de)学中文很容易，有的人觉得学中文很难。

大山：这真是一个特别的中文班！

小兰：是啊(a)，让我们互相帮助(zhù)吧(ba)！

【认读汉字】
rèn dú hàn zì

bān zuò yè wán jué nán dú wàng suǒ róng
班 作 业 完 觉 难 读 忘 所 容

yì hù xiāng
易 互 相

【默写汉字】
mò xiě hàn zì

bān zuò yè wán jué nán dú suǒ bāng
班 作 业 完 觉 难 读 所 帮

【学说词汇】
xué shuō cí huì

tè bié
特别 ..... special, unusual

zuò yè
作业 ..... homework

jué de
觉得 ..... think, feel

nán
难 ..... hard, difficult

méi guān xi
没关系 ..... It doesn't matter.

tóng xué
同学 ..... classmate

lái zì
来自 ..... come from

bù tóng de
不同的 ..... different

bié wàng le
别忘了 ..... don't forget

xué xí
学习 ..... study, learn

suǒ yǐ
所以 ..... so

róng yì
容易 ..... easy

hù xiāng
互相 ...... each other

xué shuō jù zi
【学说句子】

wǒ jué de jīn tiān de zuò yè yǒu diǎn nán
1. 我觉得今天的作业有点难。

yǒu de shì měi guó rén yǒu de shì ào dà lì yà rén hái
2. 有的是美国人，有的是澳大利亚人，还
yǒu de shì hán guó rén
有的是韩国人。

第三课　在图书馆

guǎn

小兰：马丽，我们一起去图书馆借书，好吗？

马丽：好主意。你先等我一下，我去拿上个星期借的书，就来。

小兰：好的，没问题。

小兰、马丽：你好！

guǎn
管理员：你们好！

马丽：现在我可以还书吗？

guǎn
管理员：可以，请！

yǐ jing
马丽：这是上个星期借的书，我已经看完了，请收好。

guǎn
管理员：好的，你是几年级的学生？

马丽：我是三年级的学生，我叫马丽。

guǎn shāo
管理员：马丽，请稍等……找到了，这是你的借书卡，请拿好！

马丽：多谢！

管理员：不客气。你呢？你是不是也要还书。

小兰：不，我是来借书的。

管理员：需要我帮忙吗？

小兰：我不知道在哪儿可以找到有关乐器方面的书。

管理员：乐器方面的书在左边第三排的书架上，请跟我来。

小兰：多谢。

管理员：就在这里。看，上面是有关中国乐器方面的书，下面是有关西洋乐器方面的书。你自己慢慢选吧！

小兰：谢谢你。

小兰：马丽，马丽，你快来呀(ya)，我找到了，找到了！

马丽：是什么？

管(guǎn)理员：嘘(xū)——！小声(shēng)点儿！图书馆(guǎn)请保(bǎo)持(chí)安静。

小兰、马丽：对不起。

马丽：你找到了什么书，这么兴奋(fèn)！

小兰：你看！《二胡(hú)》。你还记得(de)上音(yīn)乐课时(shí)，老师向我们介绍的那种中国乐器(qì)吗？

马丽：当然记得(de)！请让我看一看……真是太好了。还有吗？我也想借一本。

小兰：这儿正好有两本(běn)，你一本(běn)，我一本(běn)。

小兰、马丽：我们借这两本(běn)书可以吗？

管(guǎn)理员：当然可以！请把(bǎ)你们要借的书放在桌(zhuō)子上，请给我你们的借书卡。

小兰、马丽：好的。

管(guǎn)理员：请在这儿写上你们的班级、姓名和日期。

小兰、马丽：好的，没(méi)问题(tí)。

rèn dú hàn zì
【认读汉字】

tú 图　jiè 借　huán 还　shōu 收　kǎ 卡　guān 关　jià 架　xuǎn 选　nèi 内　ān 安

xīng 兴　yuè 乐　jiè 介　shào 绍　zhèng 正

mò xiě hàn zì
【默写汉字】

qī 期　shōu 收　nǎ 哪　guān 关　xuǎn 选　jìng 静　xīng 兴　kè 课　zhèng 正

xué shuō cí huì
【学说词汇】

jiè shū
借书 ..... borrow books

zhǔ yi
主意 ..... idea

shàng ge xīng qī
上个星期 ..... last week

jiù lái
就来 ..... come soon

tú shū guǎn lǐ yuán
图书管理员 ..... librarian

huán shū
还书 ..... return books

shōu hǎo
收好 ..... keep(it) back

shāo děng
稍等 ..... wait for a moment

jiè shū kǎ
借书卡 ..... liberary card

xū yào
需要 ..... need

bāng máng
帮忙 ..... help

yǒu guān
有关 ..... concerning, about

fāng miàn
方面 ..... aspect

shū jià
书架 ..... bookshelf

gēn
跟 ..... follow

zhè lǐ
这里 ..... here

zhōng guó yuè qì
中国乐器 ..... Chinese musical instruments

xī yáng yuè qì
西洋乐器 ..... western musical instruments

màn man
慢慢 ..... slowly

xuǎn
选 ..... choose

xiǎo shēng
小声 ..... in a low voice

nèi
内 ..... inside

bǎo chí
保持 ..... keep

ān jìng
安静 ..... quiet, silence

xīng fèn
兴奋 ..... be excited

jiè shào
介绍 ..... introduce

zhèng hǎo
正好 ..... exactly, happen to

xìng míng
姓名 ..... name(full name)

rì qī
日期 ..... date

xué shuō jù zi
【学说句子】

nǐ xiān děng wǒ yí xià wǒ qù ná shàng ge xīng qī jiè de shū jiù lái
1. 你先等我一下，我去拿上个星期借的书，就来。

nǐ shì bú shì yě yào huái shū
2. 你是不是也要还书？

wǒ bù zhī dào zài nǎ er kě yǐ zhǎo dào yǒu guān yuè qì
3. 我不知道在哪儿可以找到有关乐器
fāng miàn de shū
方面的书。

nǐ hái jì de shàng yīn yuè kè shí lǎo shī xiàng wǒ men
4. 你还记得上音乐课时，老师向我们
jiè shào de nà zhǒng zhōng guó yuè qì ma
介绍的那种中国乐器吗？

zhè er zhèng hǎo yǒu liǎng běn shū
5. 这儿正好有两本书。

第四课　看医生

wǔ zhe
医生：小兰，你的头怎么了？为什么用手捂着？

shuāi pò le
小兰：我的头摔破了。

shuāi pò
医生：怎么会摔破的？

xíng shuāi zhuàng
小兰：我骑自行车，不小心摔了下来，头撞到了地上，出血了。

医生：来，让我看一看，请把手放开。

小兰：好的。

医生：伤口还真不小呢！

yán zhòng
小兰：严重吗？

yán zhòng
医生：不是很严重。

让我们先把血止

jìng chá
住，然后把伤口洗干净，再把药搽上，

méi
最后把伤口包起来，就会没事的。

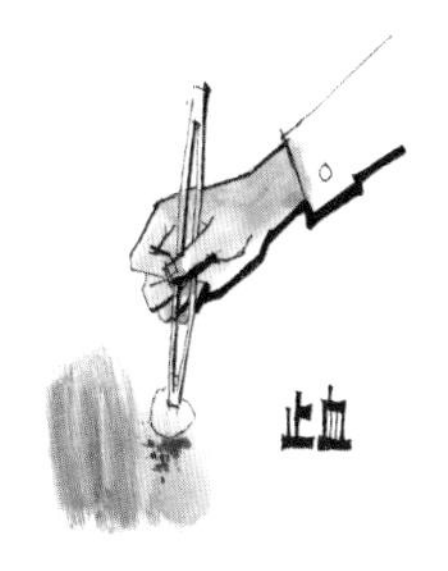

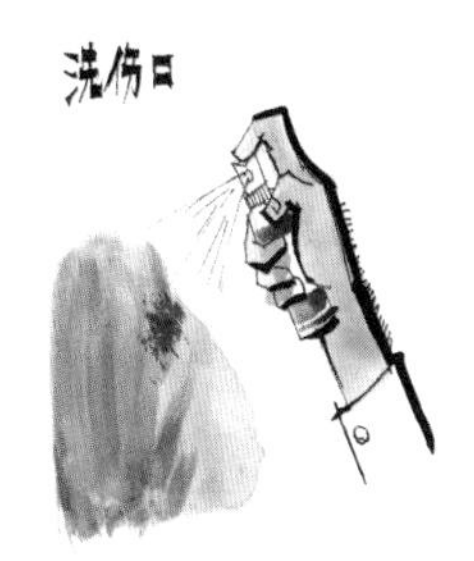

āi yō
小兰：哎哟，真痛！

zhe
医生：忍着点儿，过一会儿就会好的。

小兰：好了吗？医生？

chà xū
医生：差不多了，不过，你还需要打一针。

pà
小兰：打针？我最怕打针了。

yán
医生：可是你必须打针，否则，伤口会发炎

hái
的，勇敢点儿，孩子！

小兰：那好吧，医生。

de

医生：好了，小兰。记得明天来换药！

小兰：好的，医生。谢谢你，明天见！

医生：明天见！

【认读汉字】
rèn dú hàn zì

qí	xīn	xiě	bǎ	shāng	ne	xǐ	bāo	shì	rěn
骑	心	血	把	伤	呢	洗	包	事	忍
zhēn	bì	xū	fǒu	zé	huàn				
针	必	须	否	则	换				

【默写汉字】
mò xiě hàn zì

xiě	bǎ	shāng	ne	xǐ	bāo	shì	bì	xū	fǒu
血	把	伤	呢	洗	包	事	必	须	否
zé									
则									

【学说词汇】
xué shuō cí huì

wǔ
捂 ..... cover

shuāi pò
摔破 ..... broken

qí
骑 ..... ride

zì xíng chē
自行车 ..... bike

bù xiǎo xīn
不小心 ..... careless

zhuàng
撞 ..... bump

chū xiě
出血 ..... bleed

bǎ
把 ..... drill patten

shāng kǒu
伤口 ..... wound

ne
呢 ..... an auxiliary word to comfirm the statement

yán zhòng
严 重 ..... serious

zhǐ xiě
止 血..... stop bleeding

xǐ
洗 ..... wash

gān jìng
干 净 ..... clean

chá
搽 ..... apply

bāo
包..... wrap

méi shì
没 事 ..... doesn't matter

tòng
痛 ..... painful

rěn
忍 ..... bear

chà bu duō
差 不 多 ..... almost, nearly

bú guò
不 过 ..... but, however

dǎ zhēn
打 针 ..... injection

pà
怕 ..... be afraid of

fǒu zé
否 则 ..... otherwise, or

fā yán
发 炎 ..... inflammation

hái zi
孩 子 ..... child

jì de
记 得 ..... remember

huàn
换 ..... change

bì xū
必 须 ..... must

xué shuō jù zi
【学说句子】

qǐng bǎ shǒu fàng kāi
1. 请把手放开。

ràng wǒ men xiān bǎ xiě zhǐ zhù rán hòu bǎ shāng kǒu xǐ gān jìng zài bǎ yào chá shàng zuì hòu bǎ shāng kǒu bāo qǐ lái
2. 让我们先把血止住，然后把伤口洗干净，再把药搽上，最后把伤口包起来。

第五课　大减(jiǎn)价

马丽：小兰，现在你有空吗？

小兰：有空，你有什么事吗？

马丽：我们一起去逛(guàng)街(jiē)，好吗？很多大商店现在都在大减(jiǎn)价。

小兰：好主意！

营(yíng)业员(甲(jiǎ))：欢迎光(guāng)临(lín)，请随(suí)便(biàn)看看。

马丽：这条牛(niú)仔(zǎi)裤样子不错！

营(yíng)业员(甲(jiǎ))：这是现在最流行的样子。

马丽：请问，我可以试穿吗？

yíng　　　　jiǎ　　　　　　　　　　　　　yín tái
营业员（甲）：当然可以，试衣室在收银台的

　　　biān
旁边。

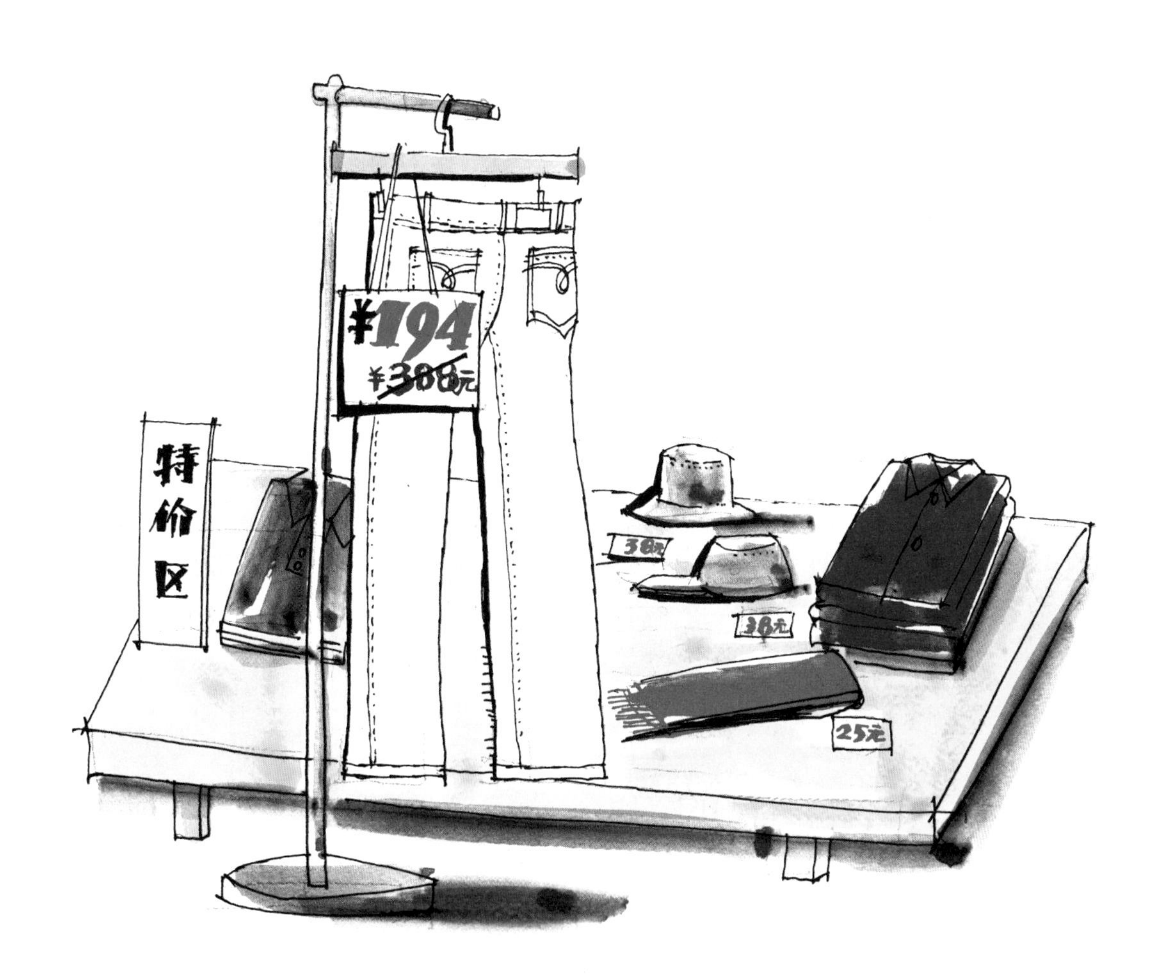

马丽：怎么样？小兰，合(hé)身吗？

小兰：我觉得(de)稍微短了一点儿。

马丽：请问，你们有再长一点儿的牛仔(niú zǎi)裤吗？

营(yíng)业员(甲)(jiǎ)：我帮你找一找，请稍(shāo)等。

 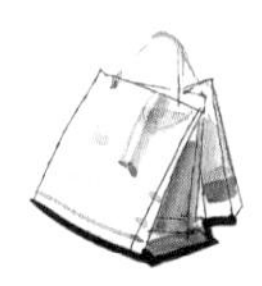  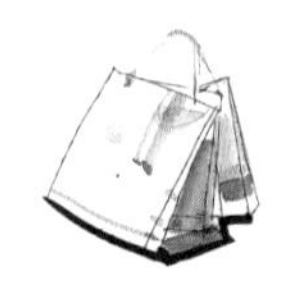

营(yíng)业员(甲)(jiǎ)：对不起，这种颜(yán)色的牛仔(niú zǎi)裤已经(yǐ jing)全部(bù)卖完了。你喜欢其他颜(yán)色的吗？

小兰：马丽，你已经(yǐ jing)有很多蓝色的牛仔(niú zǎi)裤了，试一试那条白色的吧。

马丽：好吧，听你的。

马丽：小兰，看看这条白色的，怎么样？

小兰：棒(bàng)极了！又漂亮又合(hé)身。

马丽：好，我就买这条白色的。请问，多少钱？

营(yíng)业员(甲(jiǎ))：原价是三百八十八元，现在打对折(zhé)，一百九十四元。

马丽：给你钱。

yíng　　　jiǎ
营业员(甲)：谢谢。欢迎下次再来。

　　　　　　　　biān
马丽：小兰，我们去那边看看吧。

yíng　　　yǐ
营业员(乙)：请问，你想买些什么？

　　　　　dǐng mào　　　　　xīn　niú zǎi
马丽：我想买一顶帽子配这条新的牛仔裤。

yíng yǐ dǐng
营业员(乙):这顶黄色的怎么样?

yán
马丽:我不太喜欢这种颜色,太深了。请给我看看那

dǐng huī mào
顶浅灰色的帽子。

niú zǎi
小兰:不错,和这条牛仔裤很配。

马丽:请问,多少钱?

yíng yǐ
营业员(乙):三十八元。

pián yi
马丽:真便宜!

yíng yǐ jiǎn mào
营业员(乙):对,现在是大减价。我们的帽子

bù zhé dǐng
全部打六折。小朋友,你也买一顶吧。

dǐng
小兰:好的,我也买一顶和她一样的。

yíng yǐ tí
营业员(乙):没问题!

【认读汉字】
rèn dú hàn zì

kòng 空 zhǔ 主 yì 意 tiáo 条 kù 裤 liú 流 xíng 行 chuān 穿 shì 试 páng 旁

shì 室 yòu 又 jià 价 pèi 配 shēn 深 qiǎn 浅

【默写汉字】
mò xiě hàn zì

kòng 空 ma 吗 zhǔ 主 yì 意 tiáo 条 xíng 行 shì 试 shì 室 yòu 又 pèi 配

huáng 黄

【学说词汇】
xué shuō cí huì

dà jiǎn jià 大减价 . . . . . on sale

yǒu kòng 有空 . . . . . be free

guàng jiē 逛街 . . . . . go window-shopping, strool around the street

suí biàn kàn kan 随便看看 . . . . . go around and have a look

niú zǎi kù 牛仔裤 . . . . . jeans

liú xíng 流行 . . . . . popular, fashionable

shì chuān 试穿 . . . . . try on

shì yī shì 试衣室 . . . . . fitting room

shōu yín tái 收银台 . . . . . cash counter

páng biān 旁边 . . . . . beside

hé shēn
合身 ..... fit well

shāo wēi
稍微 ..... a little bit

mài wán
卖完 ..... sold out

qí tā
其他 ..... others

yòu yòu
又 ..... 又 ..... (indicating the simultaneous existence of several conditions or characteristics)...and...

yuán jià
原价 ..... original price

dǎ zhé
打折 ..... give a discount

duì zhé
对折 ..... 50% off

pèi
配 ..... match

shēn sè
深色 ..... dark colour

qiǎn sè
浅色 ..... light colour

huī sè
灰色 ..... grey, gray

xué shuō jù zi
【学说句子】

zhè tiáo niú zǎi kù shāo wēi duǎn le yì diǎn er
1. 这条牛仔裤稍微短了一点儿。

zhè tiáo niú zǎi kù yòu piào liang yòu hé shēn
2. 这条牛仔裤又漂亮又合身。

wǒ xiǎng mǎi yī dǐng mào zi pèi zhè tiáo niú zǎi kù
3. 我想买一顶帽子配这条牛仔裤。

wǒ mén de mào zi quán bù dǎ liù zhé
4. 我们的帽子全部打六折。

wǒ yě mǎi yī dǐng hé tā yí yàng de
5. 我也买一顶和她一样的。

第六课　假期计划

马丽：还有一个星期就要放假了。

小兰：是啊(a)，时(shí)间过得(de)真快！

马丽：这个假期你打算干什么？

小兰：我打算去旅(lǚ)游，可是我还没(méi)有决定去哪里。马丽，你有什么好主意吗？

马丽：我打算去太阳岛度假。

小兰：太阳岛？我没(méi)听说过。在什么地方？

马丽：就在上海(hǎi)附近。

小兰：那里怎么样？

马丽：我听说那里什么都有，

有吃有玩有住。

小兰：真的？有什么好吃的？

hǎi xiān

马丽：听说那里的海鲜味道特别好。

小兰：有什么好玩的？

la

马丽：那可多啦！听说那里可以

yǒng

游泳，可以骑马，

ěr fū

可以打高尔夫，

shāo kǎo

还可以烧烤和

diào

钓鱼呢！

小兰：那么，住的地方呢？

马丽：听说那里的宾馆

又便宜又好。

小兰：听上去真不错！是个度假的好地方。

马丽：你有没(méi)有兴趣一起去呢？

小兰：当然有兴趣，可是我们怎么去那里呢？

马丽：听说去那里有专(zhuān)线(xiàn)车，我们可以乘专(zhuān)线(xiàn)车去。

小兰：路上需要多少时(shí)间？

马丽：不太长，两小时(shí)就可以到了。

小兰：我们需要带些什么东西吗？

马丽：带一些厚衣服，听说那里晚上很凉(liáng)的。

小兰：那好，一言(yán)为定，这个假期我们一起去太阳岛。

马丽：好，一言(yán)为定。

rèn dú hàn zì
【认读汉字】

jià 假 jué 决 fù 附 jìn 近 wèi 味 bīn 宾 guǎn 馆 pián 便 yi 宜 qù 趣
xū 需 dài 带 hòu 厚

mò xiě hàn zì
【默写汉字】

jué 决 tīng 听 jìn 近 yú 鱼 guǎn 馆 pián 便 yi 宜 qù 趣 dài 带

xué shuō cí huì
【学说词汇】

jì huà 计划 ..... plan

fàng jià 放假 ..... have a holiday or vacation

shí jiān 时间 ..... time

lǚ yóu 旅游 ..... trip, tour travel

jué dìng 决定 ..... decide

tài yáng dǎo 太阳岛 ..... Sun Island

dù jià 度假 ..... spend holiday

fù jìn 附近 ..... nearby, near

tīng shuō 听说 ..... hear of

hǎi xiān 海鲜 ..... sea food

wèi dào 味道 ..... taste

qí mǎ 骑马 ..... ride a horse

gāo ěr fū
高尔夫……golf

shāo kǎo
烧烤……barbecue

diào yú
钓鱼……go fishing

bīn guǎn
宾馆……hotel

tīng shàng qù
听上去……sounds like

xìng qù
兴趣……interest

zhuān xiàn chē
专线车……special line bus

hòu
厚……thick

yī yán wéi dìng
一言为定……that's settled then

xué shuō jù zi
【学说句子】

hái yǒu yí gè xīng qī jiù yào fàng jià le
1. 还有一个星期就要放假了。

shí jiān guò de zhēn kuài
2. 时间过得真快。

tīng shuō nà lǐ de hǎi xiān wèi dào bú cuò
3. 听说那里的海鲜味道不错。

jiù zài shàng hǎi fù jìn
4. 就在上海附近。

nǐ yǒu méi yǒu xìng qù yì qǐ qù ne
5. 你有没有兴趣一起去呢？

第七课　度假（一）

在宾馆

fú wù
服务员：欢迎来太阳岛度假，祝你们在这里过得愉快！

马丽、小兰：谢谢！

马丽：这里的风景真美啊！

méi　wū rǎn
小兰：是的，空气也很新鲜，没有污染。这里

què
确实是个好地方。

小兰：看，这个宾馆不错。

马丽：好，那我们就住在这里吧！

小兰：好的。

服务台（fú wù）：你好。

小兰：你好，我想要两间单人房。

服务台（fú wù）：对不起，单人房已经（yǐ jing）全部预订完了。

马丽：那么，你们有双人房吗？

服务台（fú wù）：有，四楼有一间面朝沙滩（shā tān）的风景房，看风景很不错。

马丽：多少钱？

fú wù

服务台：一个晚上二百八十元，你们打算在这里住多久？

小兰：我们打算住五天。

fú wù

服务台：请填表。

méi tí

小兰：好的，没问题！

fú wù yào

服务台：你们的房间是四二三号，这是房间钥

shi

匙，请拿好，祝你们在这里过得愉快！

马丽、小兰：谢谢！

rèn dú hàn zì
【认读汉字】

yú 愉　jǐng 景　xīn 新　xiān 鲜　tái 台　dān 单　bù 部　yù 预　shuāng 双　cháo 朝
jiǔ 久　tián 填　biǎo 表

mò xiě hàn zì
【默写汉字】

xīn 新　xiān 鲜　dān 单　shuāng 双　lóu 楼　biǎo 表

xué shuō cí huì
【学说词汇】

fú wù yuán 服务员 ..... attendant
wū rǎn 污染 ..... pollution
yú kuài 愉快 ..... happy, joyful
què shí 确实 ..... really, actually, indeed
fēng jǐng 风景 ..... scenery, landscape
fú wù tái 服务台 ..... reception desk
kōng qì 空气 ..... air
dān rén fáng 单人房 ..... single room
xīn xiān 新鲜 ..... fresh
yù dìng 预定 ..... book (order) in advance

shuāng rén fáng
双人房 . . . . . double room

tián biǎo
填表 . . . . . fill in the form

miàn cháo
面朝 . . . . . facing, face to

fáng jiān
房间 . . . . . room

shā tān
沙滩 . . . . . sandy beach

yào shi
钥匙 . . . . . key

duō jiǔ
多久 . . . . . how long

xué shuō jù zi
【学说句子】

zhù nǐ men zài zhè lǐ guò de yú kuài
1. 祝你们在这里过得愉快！

zhè lǐ què shí shì gè hǎo dì fāng
2. 这里确实是个好地方！

dān rén fáng yǐ jing quán bù yù dìng wán le
3. 单人房已经全部预订完了。

sì lóu yǒu yī jiān miàn cháo shā tān de shuāng rén fáng kàn fēng jǐng hěn bú cuò
4. 四楼有一间面朝沙滩的双人房，看风景很不错。

第八课　度假（二）
在沙滩上

马丽：今天的天气真好，是个大晴天！

小兰：下了三天大雨，没想到今天天气这么好！

马丽：我们到沙滩上去玩玩吧。

小兰：好主意！

马丽：看，这水真蓝。我真想去游泳，你呢（ne）？

小兰：我不会游泳。

马丽：没关系，我教你，走吧！

小兰：没想到你游泳游得这么好！

马丽：我也没想到你学得这么快。

大山：马丽，小兰，没想到会在这里见到你们！

小兰：是你，大山！你也来这里度假吗？

大山：是的，真是太巧了！

小兰：快十二点了，我们去吃午饭吧。

马丽：听说这里有一家中国餐馆很不错！我们一起去吃中国菜。

大山、小兰：好主意！

rèn dú hàn zì
【认读汉字】

shā tān méi ba yǒng xì jiāo de qiǎo cān
沙 滩 没 吧 泳 系 教 得 巧 餐

mò xiě hàn zì
【默写汉字】

méi yóu yǒng de fàn
没 游 泳 得 饭

xué shuō cí huì
【学说词汇】

shā tān
沙滩 ..... sandy beach

méi xiǎng dào
没想到 ..... unexpectedly

jiāo
教 ..... teach

qiǎo
巧 ..... coincidentally

cān guǎn
餐馆 ..... restaurant

xué shuō jù zi
【学说句子】

méi xiǎng dào jīn tiān de tiān qì zhè me hǎo
1. 没想到今天的天气这么好！

wǒ zhēn xiǎng qù yóu yǒng
2. 我真想去游泳。

xué de zhè me kuài
3. 学得这么快！

zhēn shì tài qiǎo le
4. 真是太巧了！

kuài shí èr diǎn le
5. 快十二点了！

第九课 看电视

马丽：今天晚上你打算干什么？去打保龄(bǎo líng)球还是去卡拉OK唱歌？

小兰：我哪儿也不想去。我宁可待(dāi)在房间里看电视。

马丽：看电视？每天晚上你都看电视吗？

小兰：是的，每天晚上八点，我都准时看八频(pín)道的新闻节目。

马丽：今天晚上有些什么精(jīng)彩的电视节目？

小兰：我不太清楚，让我先看一看报纸。

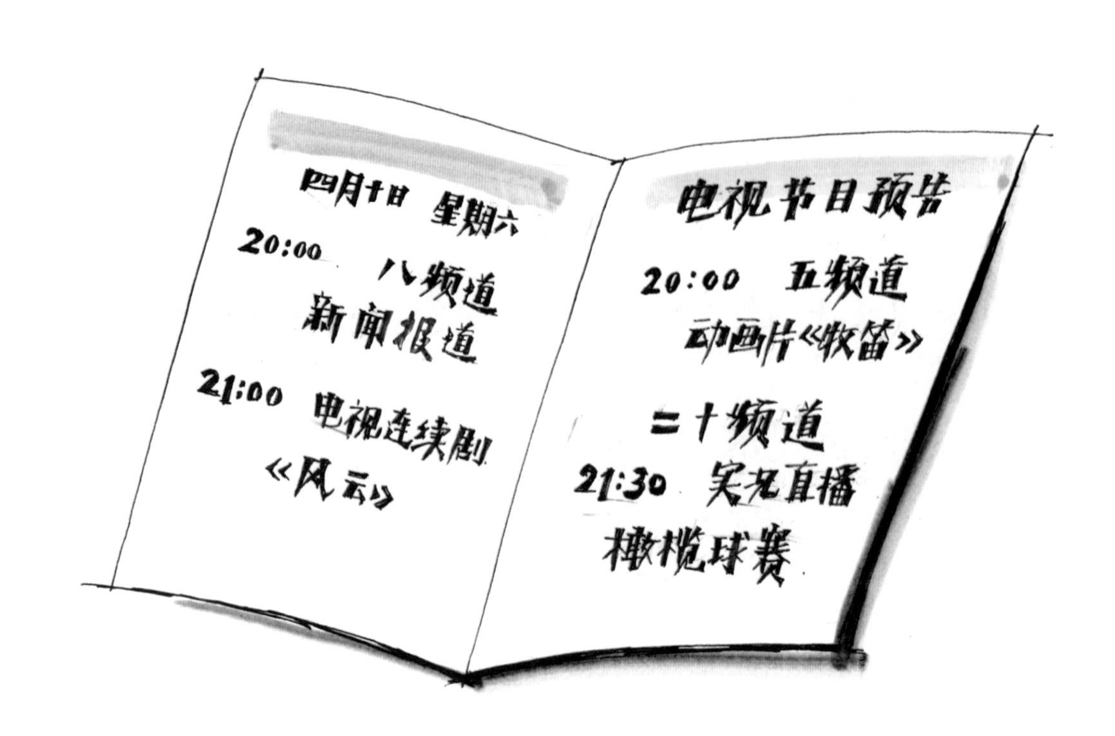

马丽：晚上八点五频(pín)道有些什么节目(mù)？

小兰：是一部动画片。

马丽：那么，八频(pín)道呢？

小兰：八频道新闻节目之后是电视连(lián)续(xù)剧。

马丽：太无聊了，我宁可睡觉(jiào)。

小兰：等等，晚上九点半(bàn)，二十频(pín)道有一场橄(gǎn)榄(lǎn)球比赛。

马丽：橄(gǎn)榄(lǎn)球比赛，那可真带劲(jìn)儿！我们先睡觉(jiào)，然后看电视。

小兰：不，我宁可先看看其他节目，你睡吧。

马丽：那好吧。记得在九点半(bàn)叫醒我，我不想错过看橄(gǎn)榄(lǎn)球比赛。

小兰：没问题(tí)，快睡吧！

rèn dú hàn zì
【认读汉字】

chàng gē nìng zhǔn wén shì bào zhǐ dòng zhī
唱 歌 宁 准 闻 视 报 纸 动 之

jù liáo rán xǐng
剧 聊 然 醒

mò xiě hàn zì
【默写汉字】

chàng gē nìng shì dòng zhī
唱 歌 宁 视 动 之

xué shuō cí huì
【学说词汇】

bǎo líng qiú
保龄球 . . . . . bowling

dāi
待 . . . . . stay

nìng kě
宁可 . . . . . would rather

zhǔn shí
准时 . . . . . on time

pín dào
频道 . . . . . channel

xīn wén jié mù
新闻节目 . . . . . news progpramme

diàn shì jié mù
电视节目 . . . . . TV programme

bào zhǐ
报纸 . . . . . newspaper

dòng huà piān
动画片 . . . . . animated cartoon

zhī hòu
之后 . . . . . after, later

diàn shì lián xù jù
电视连续剧 ..... TV series

gǎn lǎn qiú
橄榄球 ..... rugby

wú liáo
无聊 ..... boring, bored

jiào xǐng
叫醒 ..... wake up

děng deng
等等 ..... wait a minute

cuò guò
错过 ..... miss

xué shuō jù zi
【学说句子】

wǒ nìng kě dāi zài fáng jiān lǐ kàn diàn shì
1. 我宁可待在房间里看电视。

wǎn shang bā diǎn wǔ pín dào yǒu xiē shén me jié mù
2. 晚上八点五频道有些什么节目？

shì yí bù dòng huà piān
是一部动画片。

jì de zài jiǔ diǎn bàn jiào xǐng wǒ
3. 记得在九点半叫醒我。

wǒ bù xiǎng cuò guò kàn gǎn lǎn qiú bǐ sài
4. 我不想错过看橄榄球比赛。

第十课　失物招领

小兰：马丽，电梯来了。

马丽：来啦(la)，等等我。

小兰：咦(yí)？你的脚(jiǎo)下是什么东西？

马丽：让我看一看。呀(yà)！是一个钱包。

小兰：钱包？谁不小心掉了钱包。

马丽：掉了钱包的人现在一定很着急！

小兰：我们一定要想办法找到失主。

马丽：可是，怎么找呢？

小兰：看看钱包里有什么证(zhèng)件？

马丽：好的。钱包里没有名片，也没有证(zhèng)件，怎么办呢？

小兰：让我考虑(lǜ)考虑(lǜ)。我有办法了。我们写一张“失物招领”，把它贴(tiē)在电梯里，失主看见了，一定会来找我们的。

马丽：好办法！我们现在就回房间写吧！

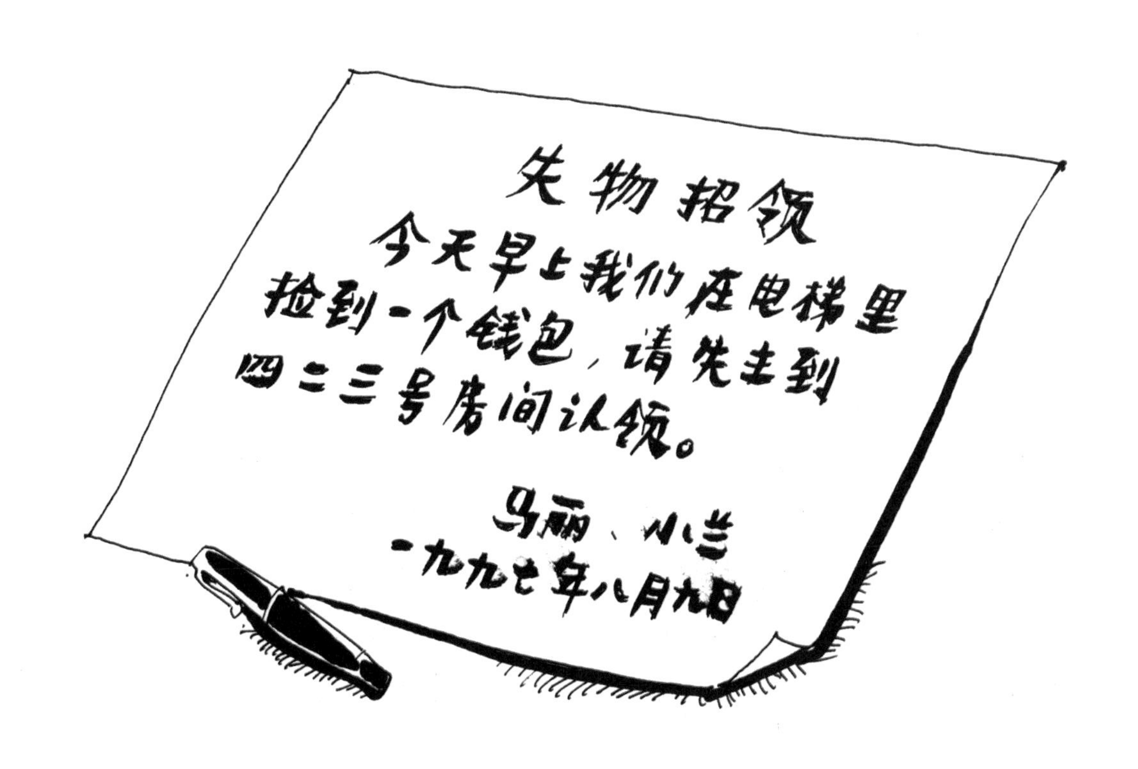

马丽：听！有人敲门！

小兰：快去开门，一定是失主来了！

王先生：请问，马丽和小兰在吗？

马丽：我们就是。请问，你有什么事吗？

王先生：我姓王，今天早上我不小心掉了一个钱包。

ō
马丽：噢，你是来认领钱包的吧？快请进。

王先生：谢谢！

小兰：你好，王先生。如果你不介意，我可以问你几个问题吗？

王先生：当然可以，没问题。

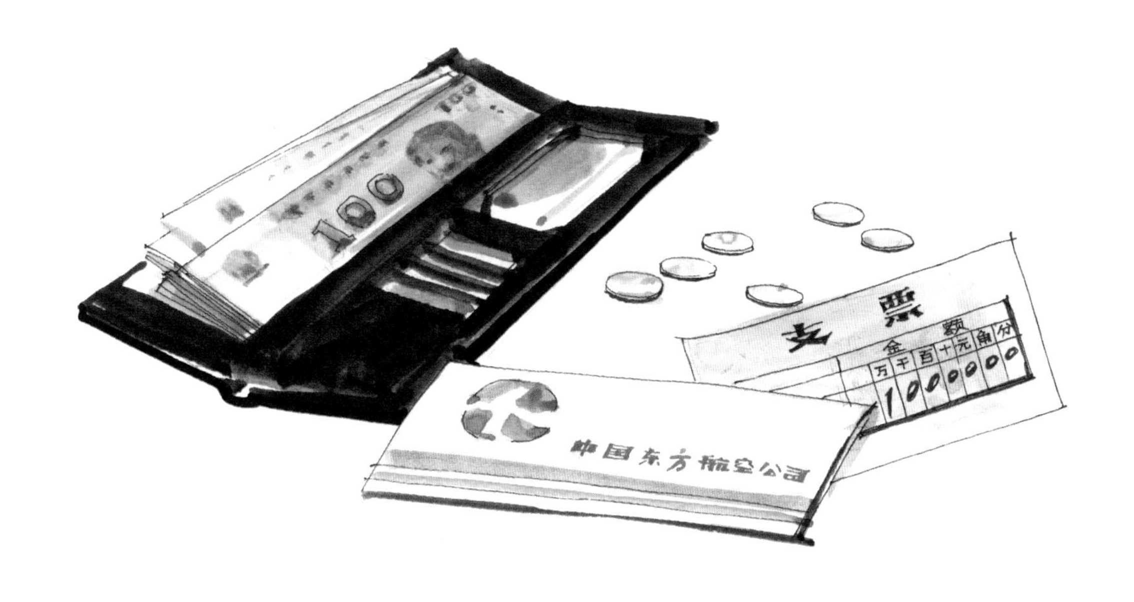

yán
小兰：请问，你的钱包是什么颜色的？

王先生：黑色的。

小兰：请问，钱包里有些什么东西？

王先生：钱包里有一张一万元的支票，有五千(qiān)元的现金，还有一张明天去新加(jiā)坡(pō)的飞机票，飞机票上有我的名字。

小兰：真的？我们竟(jìng)然没有注(zhù)意到。

王先生：我姓王，单名凯(kǎi)，我叫王凯(kǎi)。

马丽：啊(à)，是的。完全正确(què)。王先生，这是你的钱包，给你。

王先生：谢谢，真是太谢谢你们了！

rèn dú hàn zì
【认读汉字】

tī	bāo	diào	zháo	jí	bàn	fǎ	shī	jiàn	tiē
梯	包	掉	着	急	办	法	失	件	贴

zhāo	jiǎn	rèn	lǐng	tí	jīn	wàn
招	捡	认	领	题	金	万

mò xiě hàn zì
【默写汉字】

zháo	bàn	jiàn	rèn	wàn	jīn	xìng
着	办	件	认	万	金	姓

xué shuō cí huì
【学说词汇】

shī wù zhāo lǐng
失物招领 ..... lost and found

diàn tī
电梯 ..... lift, elevator

qián bāo
钱包 ..... wallet, purse

diào
掉 ..... lose

zháo jí
着急 ..... worry, worry about

bàn fǎ
办法 ..... way, ways and means

míng piàn
名片 ..... name card

zhèng jiàn
证件 ..... credentials, certificate, papers

kǎo lǜ
考虑 ..... think (it) over

tiē
贴 ..... stick

shī zhǔ
失主 ..... owner of lost property

jiǎn
捡 ..... find, pick up

qiāo mén
敲门 ..... knock at the door

rèn lǐng
认领 ..... claim

jiè yì
介意 ..... mind

yí wàn
一万 .... ten thousand

zhī piào
支票 ..... check

xiàn jīn
现金 ..... cash

jìng rán
竟然 ..... unexpectedly, to one's surprise

zhù yì
注意 .... notice

wáng kǎi
王凯 ..... Wang Kai (person's name)

wán quán zhèng què
完全正确 ..... perfectly right, absolutely correct

xiān shēng
先生 ..... sir, Mr., gentleman

xué shuō jù zi

【学说句子】

jīn tiān zǎo shang wǒ men zài diàn tī lǐ jiǎn dào yí gè qián bāo

1. 今天早上我们在电梯里捡到一个钱包。

qián bāo lǐ méi yǒu míng piàn yě méi yǒu zhèng jiàn

2. 钱包里没有名片，也没有证件。

jīn tiān zǎo shang wǒ bù xiǎo xīn diào le yí gè qián bāo

3. 今天早上我不小心掉了一个钱包。

nǐ shì lái rèn lǐng qián bāo de ba

4. 你是来认领钱包的吧？

rú guǒ nǐ bú jiè yì wǒ kě yǐ wèn nǐ jǐ gè wèn tí ma

5. 如果你不介意，我可以问你几个问题吗？

wǒ men jìng rán méi yǒu zhù yì dào

6. 我们竟然没有注意到。

故事五则

第十一课　画扣子

大象老师给森林学校的小朋友上课。它给每个小朋友一张纸。

大象老师说："这张纸上画了衣服，但是我没有画扣子。请你们帮帮我，画上扣子，好吗？要画五颗扣子。"

小朋友们非常喜欢画图，它们没听完大象老师的话，就开始画了。

小白兔非常喜欢吃萝卜（luó bo），它画了一颗萝卜（luó bo）扣子。

小猫非常喜欢吃鱼，它画了两颗小鱼扣子。

小猴非常喜欢吃桃子，它画了三颗桃子扣子。

小狗非常喜欢吃骨头，它画了四颗骨头扣子。

小刺猬（cì wei）听得最好。它在衣服上画了五颗小花扣子。

大象老师看着大家的画说:“看一看,数一数,谁画对了?谁画错了?想一想,为什么?”

rèn dú hàn zì
【认读汉字】

kòu	xiàng	sēn	lín	zhāng	fú	kē	huà	shǐ	tù
扣	象	森	林	张	服	颗	话	始	兔
māo	hóu	táo	gǔ	zhe					
猫	猴	桃	骨	着					

mò xiě hàn zì
【默写汉字】

kòu	xiàng	lín	zhāng	fú	kē	huà	jiù	shǐ
扣	象	林	张	服	颗	话	就	始

xué shuō cí huì
【学说词汇】

kòu zi
扣子 . . . . . button

sēn lín
森林 . . . . . forest

kāi shǐ
开始 . . . . . start, begin

luó bo
萝卜 . . . . . radish

táo zi
桃子 . . . . . peach

gǔ tou
骨头 . . . . . bone

cì wei
刺猬 . . . . . hedgehog

kàn zhe
看着 . . . . . looking at, watching

xué shuō jù zi
【学说句子】

tā men méi tīng wán dà xiàng lǎo shī de huà jiù kāi shǐ huà le

1. 它们没听完大象老师的话，就开始画了。

dà xiàng lǎo shī kàn zhe dà jiā de huà shuō shuí huà duì le wèi shén me

2. 大象老师看着大家的画说："谁画对了，为什么？"

第十二课　脚印

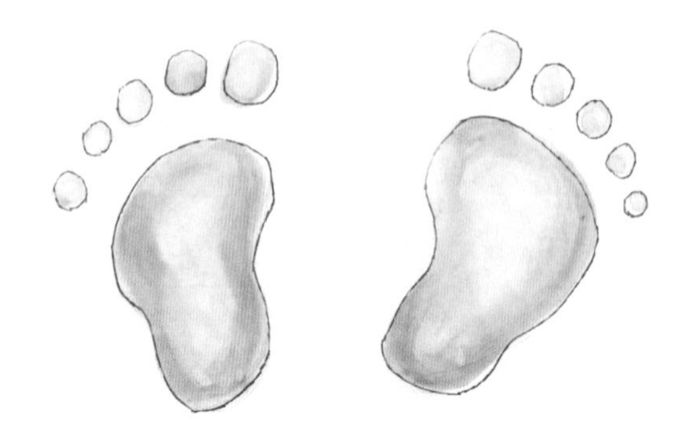

小狗在雪地上跑，雪地上留下了小狗的脚印。小狗对小鸡说："你看，你看，我会画梅花。"

小鸡在雪地上跑，雪地上留下了小鸡的脚印。小鸡对小狗说："你看，你看，我会画竹叶。"

rèn dú hàn zì
【认读汉字】

jiǎo yìn gǒu liú jī méi zhú yè
脚 印 狗 留 鸡 梅 竹 叶

mò xiě hàn zì
【默写汉字】

jiǎo yìn xuě pǎo shuō liú huà zhú yè
脚 印 雪 跑 说 留 画 竹 叶

xué shuō cí huì
【学说词汇】

jiǎo yìn
脚印 . . . . . foot print

liú xià
留下 . . . . . leave

duì shuō
对 …… 说 . . . . . say to somebody

méi huā
梅花 . . . . plum blossoms

zhú yè
竹叶 . . . . . bamboo leaves

xué shuō jù zi
【学说句子】

xiǎo gǒu zài xuě dì shàng pǎo xuě dì shàng liú xià le xiǎo gǒu de jiǎo yìn
1. 小狗在雪地上跑，雪地上留下了小狗的脚印。

xiǎo gǒu duì xiǎo jī shuō nǐ kàn nǐ kàn wǒ huì huà méi huā
2. 小狗对小鸡说：“你看，你看，我会画梅花。”

第十三课　有趣的图画书

大象爷爷有很多图画书。

小老鼠(shǔ)跑来说："大象爷爷，我想看书。"

大象爷爷问小老鼠(shǔ)："你想看什么书呢？"

小老鼠(shǔ)说："我想看有趣的图画书。"

于是，大象爷爷就拿出了一本图画书。

shǔ
小老鼠
打开第一页
wa
书，哇！这是
一本立体书，
五颜六色的
花真香啊！

shǔ
小老鼠打
开第二页书，
xī
嘻！草地上有
pǐ
一匹木马。

小老鼠(shǔ)再打开一页书，嘿(hēi)！一座多漂亮的房子！

“咦(yí)？小老鼠(shǔ)怎么不见了？”大象爷爷觉得很奇怪。

他找呀(ya)找呀(ya)，噢(ō)！小老鼠(shǔ)在房子里。忽然，大象爷爷听到小老鼠(shǔ)说：“谢谢您，大象爷爷！再见！”小老鼠(shǔ)拉着书回家去了。

rèn dú hàn zì
【认读汉字】

yú 于 běn 本 yè 页 lì 立 yán 颜 xiāng 香 ā 啊 cǎo 草 qí 奇 guài 怪
hū 忽 nín 您

mò xiě hàn zì
【默写汉字】

yé 爷 ná 拿 běn 本 yè 页 yú 于 yán 颜 piào 漂 liàng 亮 hěn 很 hū 忽
nín 您

xué shuō cí huì
【学说词汇】

yǒu qù 有趣 ..... interesting

wǔ yán liù sè 五颜六色 ..... various colours

tú huà shū 图画书 ..... picture books

cǎo dì 草地 ..... grassland

yú shì 于是 ..... hence, as a result

mù mǎ 木马 ..... hobbyhorse

lì tǐ 立体 .... three-dimensional

qí guài 奇怪 .... strange

hū rán
忽然……suddenly

nín
您……you (more polite way)

wa xī hēi yí ō
哇，嘻，嘿，咦，噢
……an auxiliary word that indicates mood

yì běn yí yè yì pǐ yí zuò
一本，一页，一匹，一座
……numeral classifier compound

xué shuō jù zi
【学说句子】

xiǎo lǎo shǔ shuō wǒ xiǎng kàn yǒu qù de tú huà shū yú shì dà xiàng yé ye jiù ná chū le yì běn tú huà shū
1. 小老鼠说："我想看有趣的图画书。"于是，大象爷爷就拿出了一本图画书。

yí zuò duō piào liang de fáng zi
2. 一座多漂亮的房子！

xiǎo lǎo shǔ zěn me bú jiàn le
3. 小老鼠怎么不见了？

hū rán dà xiàng yé ye tīng dào xiǎo lǎo shǔ shuō xiè xiè nín dà xiàng yé ye zài jiàn
4. 忽然，大象爷爷听到小老鼠说："谢谢您，大象爷爷！再见！"

第十四课　掩(yǎn)耳盗(dào)铃

古时候，有一个小偷想偷人家门上的铃铛(dāng)。

可是，手一碰铃铛(dāng)，就会叮(dīng)当响，铃铛(dāng)一响就会被人发现的！

怎么办呢？他想了半天，有了主意：如果不让耳朵听见铃响，就可以偷了。

他把自己的耳朵掩(yǎn)起来，然后，大胆地去偷铃铛(dāng)。

可是，他一动手，门里就有人跑出来，抓住了这个小偷。

rèn dú hàn zì
【认读汉字】

líng	gǔ	shí	hou	tōu	pèng	xiǎng	bèi	bàn	duǒ
铃	古	时	候	偷	碰	响	被	半	朵
dǎn	lǐ	zhuā							
胆	里	抓							

mò xiě hàn zì
【默写汉字】

ěr	gǔ	shí	xiǎng	bèi	zěn	bàn	qǐ	lǐ	chū
耳	古	时	响	被	怎	半	起	里	出

xué shuō cí huì
【学说词汇】

yǎn
掩 . . . . . cover

dào
盗 . . . . . steal, rob

líng dāng
铃 铛 . . . . . bell

gǔ shí hou
古 时 候 . . . . . a long time ago

shí hou
时 候 . . . . . a point in time, moment

xiǎo tōu
小 偷 . . . . . thief

tōu
偷 . . . . . to steal

pèng
碰 . . . . . touch

dīng dāng xiǎng
叮 当 响 . . . . . sound (dingdang)

bèi
被 . . . . . (introducing the agent in a passive sentence)

zěn me bàn
怎么办 . . . . . how to do

bàn tiān
半天 . . . . . for some time, half day

dà dǎn
大胆 . . . . . bold

dòng shǒu
动手 . . . . . do with hands

zhuā zhù
抓住 . . . . . catch up

xué shuō jù zi
【学说句子】

shǒu yí pèng líng dāng jiù huì dīng dāng xiǎng
1. 手一碰铃铛，就会叮当响。

líng dāng yì xiǎng jiù huì bèi rén fā xiàn de
2. 铃铛一响就会被人发现的。

第十五课　鲁(lǔ)班和伞

很久很久以前，人们没有伞。

如果下雨，人们的衣服就会湿了，真不舒服。

鲁(lǔ)班想：如果做一个东西，可以挡(dǎng)雨多好啊！

一天，下雨
lǔ
了。鲁班看见
一个小孩顶着
hé
一片荷叶，在雨
中慢慢地走。

lǔ
鲁班觉得
很有趣，也找了
hé
一片荷叶，顶在
头上，又轻，又
dǎng
挡雨，真不错！

lǔ
鲁班回家后，做了一个竹架子，它很像荷(hé)叶的样子。他又找了一张羊皮(pí)，贴在竹架子上。这个东西就是最早的伞。

后来，鲁(lǔ)班又把伞变成可以活动的。用它的时候，打开。不用的时候，关上。所以，人们再也不怕下雨了。

rèn dú hàn zì
【认读汉字】

sǎn	shī	shū	zuò	hái	dǐng	màn	qīng	huí	xiàng
伞	湿	舒	做	孩	顶	慢	轻	回	像
yáng	biàn	chéng	huó	pà					
羊	变	成	活	怕					

mò xiě hàn zì
【默写汉字】

rú	yǔ	dōng	huí	zuò	xiàng	yáng	yòng	kāi
如	雨	东	回	做	像	羊	用	开

xué shuō cí huì
【学说词汇】

hěn jiǔ
很久 . . . . . . a long time

shū fu
舒服 . . . . . . comfortable, be well

rén men
人们 . . . . . . people

zuò
做 . . . . . . to make

dǎng yǔ
挡雨 . . . . . . keep off the rain

shī
湿 . . . . . . wet, damp, humid

hé yè
荷叶 . . . . lotus leaf

jià zi
架子 . . . . . . frame, shelf, stand

pí
皮 . . . . . . skin, leather

dǐng
顶 . . . . . . to carry on the head

yáng
羊 . . . . . sheep, goat

qīng
轻 . . . . . light, not heavy

biàn chéng
变 成 . . . . . turn into, become to

huó dòng de
活 动 的 . . . . . movable

sǎn
伞 . . . . . umbrella

xiàng
像 . . . . . be like

xué shuō jù zi
【学说句子】

rú guǒ xià yǔ rén men de yī fu jiù huì shī le
1. 如果下雨，人们的衣服就会湿了。

zhú jià zi hěn xiàng hé yè de yàng zi
2. 竹架子很像荷叶的样子。

hòu lái lǔ bān yòu bǎ sǎn biàn chéng kě yǐ huó dòng de
3. 后来，鲁班又把伞变成可以活动的。

rén men zài yě bú pà xià yǔ le
4. 人们再也不怕下雨了。

笑话二则 (zé)

第十六课　前面也有雨

从前，有个书呆子在大雨中慢慢行走。一个路人问他："雨这么大，你为什么这么慢腾腾地走？"

书呆子从容地回答说："快一点走有什么用？前面也有雨。"

rèn dú hàn zì
【认读汉字】

xiào cóng dāi tēng dá
笑 从 呆 腾 答

mò xiě hàn zì
【默写汉字】

xiào cóng dāi màn róng dá
笑 从 呆 慢 容 答

xué shuō cí huì
【学说词汇】

xiào huà
笑话 . . . . . joke

zé
则 . . . . . measure word

cóng qián
从前 . . . . . a long time ago

shū dāi zi
书呆子 . . . . . bookworm

xíng zǒu
行走 . . . . . walk

màn tēngtēng
慢腾腾 . . . . . sluggishly, unhurriedly

cóng róng
从容 . . . . . calm, unhurried

huí dá
回答 . . . . . answer, reply, response

xué shuō jù zi
【学说句子】

shū dāi zi cóng róng de huí dá shuō kuài yì diǎn zǒu yǒu shén
书呆子从容地回答说："快一点走有什

me yòng qián mian yě yǒu yǔ
么用？前面也有雨。"

第十七课　好运气

某人去看望朋友，在路上被狗咬伤了腿。他痛极了，低头看见腿上流了不少血。

那人喜出望外地说："好运气！今天幸好我没有穿长袜子。"

rèn dú hàn zì
【认读汉字】

yùn mǒu wàng yǎo tuǐ jí dī xìng wà
运 某 望 咬 腿 极 低 幸 袜

mò xiě hàn zì
【默写汉字】

yùn yǎo tòng jí dī liú
运 咬 痛 极 低 流

xué shuō cí huì
【学说词汇】

yùn qì
运气 ..... fortune, luck

mǒu
某 ..... some, certain

kàn wàng
看望 ..... call on, visit, see

tuǐ
腿 ..... leg

liú xiě
流血 ..... to bleed

xǐ chū wàng wài
喜出望外 ..... be overjoyed at the unexpectedly good news, be pleasantly surprised

xìng hǎo
幸好 ..... fortunately, luckily

xué shuō jù zi

【学说句子】

tā tòng jí le

他痛极了。

bèi sòng xiào hua

【背诵笑话】

留言、日记与电邮

第十八课　电话留言

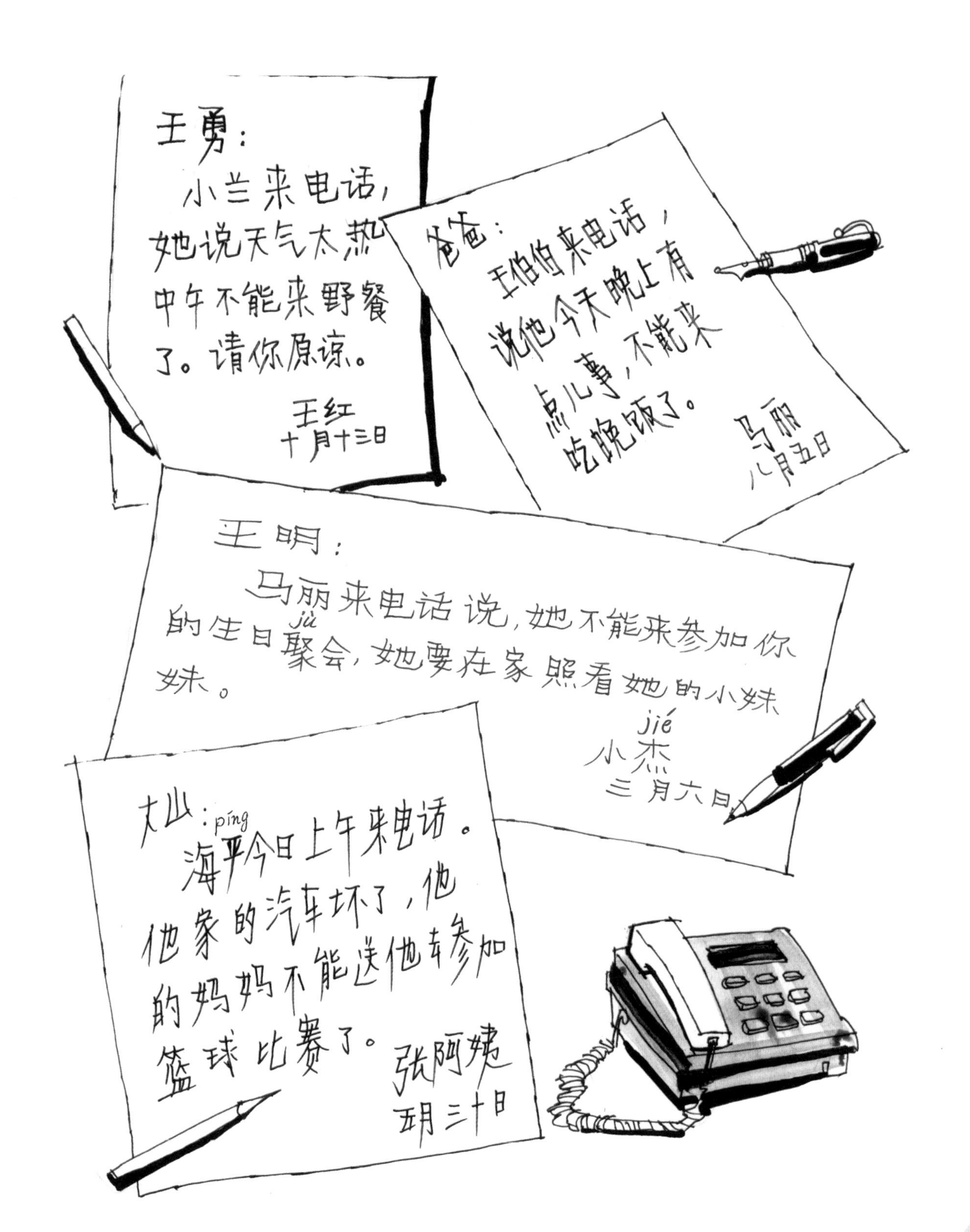

rèn dú hàn zì
【认读汉字】

yán 言　yě 野　liàng 谅　bó 伯　jiā 加　qì 汽　huài 坏　lán 篮　ā 阿　yí 姨

mò xiě hàn zì
【默写汉字】

yán 言　rè 热　néng 能　bó 伯　cān 参　jiā 加　zhào 照　mèi 妹　qì 汽　huài 坏

xué shuō cí huì
【学说词汇】

liú yán 留言 ..... leave a message

zhào kàn 照看 ..... look after, take care of

yě cān 野餐 ..... picnic

qì chē 汽车 ..... car

yuán liàng 原谅 ..... excuse, forgive, pardon

huài le 坏了 ..... broken down, doesn't work

bó bo 伯伯 ..... father's elder brother, uncle

ā yí 阿姨 ..... auntie, nanny, babysitter

xué shuō jù zi
【学说句子】

1. wáng bó bo lái diàn huà shuō tā jīn tiān wǎn shang yǒu diǎn er shì bù néng lái chī wǎn fàn le
王伯伯来电话，说他今天晚上有点儿事，不能来吃晚饭了。

2. tā jiā de qì chē huài le
他家的汽车坏了。

第十九课　日记七则

（一）

九月三日　星期一　晴

今天是开学的第一天，也是我第一天来上海耀中国际学校上学。校园里特别热闹。我的同桌叫大山，他带我参观了整个校园。

rèn dú hàn zì

【认读汉字】

jì hǎi nào zhuō guān zhěng

际 海 闹 桌 观 整

mò xiě hàn zì

【默写汉字】

qíng jì hǎi zhuō guān

晴 际 海 桌 观

xué shuō cí huì

【学说词汇】

rì jì
日记 ..... diary

kāi xué
开学 ..... school begins

rè nao
热闹 ..... lively, bustling with noise and excitement

tóng zhuō
同桌 ..... deskmate

dài
带 ..... lead

cān guān
参观 ..... visit (places, exhibition, etc.)

zhěng gè
整个 ..... whole, entire

xiào yuán
校园 ..... campus

xué shuō jù zi
【学说句子】

tā dài wǒ cān guān le zhěng gè xiào yuán
他带我参观了整个校园。

（二）

九月四日　星期二　多云

今天开始上中文课了。我们班的同学来自好几个不同的国家。我们都做了自我介绍，我这时候才知道同学们来自不同的年级，怪不得看上去高矮胖瘦各不相同。可我现在还记不住每个人的名字。不过，我相信我们很快就会成为好朋友。我们的中文班也会成为一个温暖、快乐的大家庭。

rèn dú hàn zì
【认读汉字】

gè wēn nuǎn tíng
各 温 暖 庭

mò xiě hàn zì
【默写汉字】

kè dōu jiè shào cái gè měi wēn nuǎn tíng
课 都 介 绍 才 各 每 温 暖 庭

xué shuō cí huì
【学说词汇】

kāi shǐ
开始 . . . . . start, begin

hǎo jǐ gè
好几个 . . . . . a good many, quite a few

zì wǒ jiè shào
自我介绍 . . . . . introduce oneself

cái
才 . . . . . (used before a verb to indicate that sth. has just happened or is rather late by general standards)

guài bu de
怪不得 . . . . . no wonder, so that't why

gè
各 . . . . . each

jì bú zhù
记不住 . . . . . can not remember

xiāng tóng
相同 . . . . . identical, the same

xiāng xìn
相信 . . . . . believe, have faith in

wēn nuǎn
温暖 . . . . . warm

jiā tíng
家庭 . . . . . family

xué shuō jù zi
【学说句子】

guài bu de kàn shàng qù gāo ǎi pàng shòu gè bù xiāng tóng
1. 怪不得看上去高矮胖瘦各不相同。

wǒ zhè shí hou cái zhī dào tóng xué men lái zì bù tóng de nián jí
2. 我这时候才知道同学们来自不同的年级。

kě wǒ xiàn zài hái jì bú zhù měi gè rén de míng zi
3. 可我现在还记不住每个人的名字。

（三）

九月五日　星期三　阴

我的同桌大山是一个澳大利亚(ào lì yà)男孩。他的父亲是澳大利亚(ào lì yà)人。他的母亲是巴(bā)西人，他是个混(hùn)血儿。他很聪明，也很外向。开学的第一天，是他先和我打招呼的。现在，我们已经成了形影不离的好朋友。

rèn dú hàn zì
【认读汉字】

yīn 阴　fù 父　qīn 亲　mǔ 母　cōng 聪　hū 呼　yǐ 已　jing 经　xíng 形　yǐng 影

lí 离

mò xiě hàn zì
【默写汉字】

yīn 阴　hái 孩　fù 父　qīn 亲　mǔ 母　cōng 聪　wài 外　xiàng 向　yǐ 已　jing 经

xué shuō cí huì
【学说词汇】

fù qīn
父亲 ..... father

mǔ qīn
母亲 ..... mother

bā xī
巴西 ..... Brazil

hùn xuè ér
混血儿 ..... human hybrid, a person of mixed blood

cōng míng
聪明 ..... smart, clever

wài xiàng
外向 ..... extrovert

dǎ zhāo hu
打招呼 ..... greet somebody, say hello

chéng le
成了 ..... become

xíng yǐng bù lí
形影不离 ..... (of two people) be inseparable, on very close terms

xué shuō jù zi
【学说句子】

tā hěn cōng míng yě hěn wài xiàng
他很聪明，也很外向。

（四）

九月六日 星期四 雨

我的中文老师是黄老师，她是上海人。她给我们每个人起了一个中文名字。我的中文名字是王杰(jié)思。很好听，也很有意思。我决定每天用一小时练习中文，因为我喜欢中文课，而且我父母非常希望我学好中文。

rèn dú hàn zì
【认读汉字】

sī liàn ér qiě xī
思 练 而 且 希

mò xiě hàn zì
【默写汉字】

sī dìng cháng
思 定 常

xué shuō cí huì
【学说词汇】

huáng lǎo shī
黄老师 ...... Ms. Huang

qǐ
起 ...... to name

wáng jié sī
王杰思 ..... Wang Jiesi (a Chinese name)

yǒu yì si
有意思 ...... interesting

jué dìng
决定 ..... decide

liàn xí
练习 ..... practise

ér qiě
而且 ..... also

fù mǔ
父母 ..... parents

xī wàng
希望 ..... hope

xué shuō jù zi
【学说句子】

tā gěi wǒ men měi gè rén qǐ le yí gè zhōng wén míng zì
1. 她给我们每个人起了一个中文名字。

wǒ xǐ huan zhōng wén kè ér qiě wǒ fù mǔ fēi cháng xī wàng wǒ xué hǎo zhōng wén
2. 我喜欢中文课，而且我父母非常希望我学好中文。

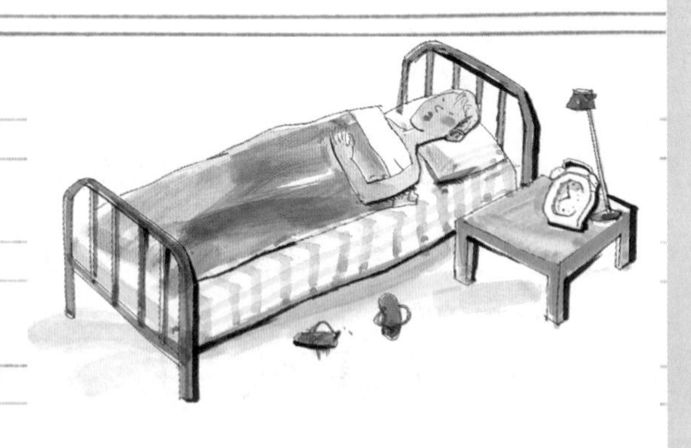

（五）

九月七日 星期五 晴转多云

今天早上我起来晚了，没有赶上校车。我到教室时，老师已经开始上课了，我很不好意思，因为我迟到了。今天晚上我一定早一点儿睡，而且，还要开好闹钟。不能再迟到了！！！

rèn dú hàn zì
【认读汉字】

zhuǎn gǎn dào jiào chí zhōng
转 赶 到 教 迟 钟

mò xiě hàn zì
【默写汉字】

wǎn gǎn dào jiào chí shuì zhōng zài
晚 赶 到 教 迟 睡 钟 再

xué shuō cí huì
【学说词汇】

qíng zhuǎn duō yún
晴转多云 ..... sunny turn to cloudy

wǎn
晚 ..... late

gǎn shàng
赶上 ..... catch (the bus etc.)

bù hǎo yì si
不好意思 ..... be shamed, feel sorry

chí dào
迟到 ..... be late

zǎo yì diǎn er
早一点儿 ..... a bit earlier

kāi hǎo
开好 ..... turn on

nào zhōng
闹钟 ..... alarm clock

zài
再 ..... again

xué shuō jù zi
【学说句子】

bù néng zài chí dào le
不能再迟到了！

（六）

九月八日　星期六　阴有小雨

今天我家多了一个“人”——我的宠物。她是一只雌狗。白白的毛，黑色的斑(bān)点，灰蓝的眼睛，我给她起了一个好名字——“公主”。放学后，除了做作业，我一直和她玩。她几乎成了我的公主。

rèn dú hàn zì
【认读汉字】

chǒng 宠　cí 雌　huī 灰　chú 除　jī 几

mò xiě hàn zì
【默写汉字】

jiā 家　chǒng 宠　wù 物　gǒu 狗　máo 毛　huī 灰　chú 除　zhí 直　wán 玩　jī 几

xué shuō cí huì
【学说词汇】

cí gǒu 雌狗 ..... female dog

bān diǎn 斑点 ..... dot

huī 灰 ..... grey

gōng zhǔ 公主 ..... princess

fàng xué 放学 ..... school is over (for the day)

hòu 后 ..... after

chú le 除了 ..... except

zuò zuò yè 做作业 ..... do homework

yì zhí 一直 ..... continuously

jī hū 几乎 ..... almost, nearly

xué shuō jù zi
【学说句子】

fàng xué hòu chú le zuò zuò yè wǒ yì zhí hé tā wán
1. 放学后，除了做作业，我一直和她玩。

tā jī hū chéng le wǒ de gōng zhǔ
2. 她几乎成了我的公主。

（七）

九月九日 星期日 晴到多云

今天晚上，我妈妈的中国朋友王阿姨请我们到她家吃饭。王阿姨的家不大，一室一厅，但很整洁。开始我有些紧张，怕我的中文不够好，后来好多了，王阿姨还夸奖我的中文很流利。王阿姨烧的菜色香味俱全。我吃到真正的中国菜了。

rèn dú hàn zì
【认读汉字】

jié	jǐn	gòu	kuā	jiǎng	lì	shāo	jù
洁	紧	够	夸	奖	利	烧	俱

mò xiě hàn zì
【默写汉字】

tīng	dàn	jié	jǐn	pà	gòu	xiāng	wèi
厅	但	洁	紧	怕	够	香	味

xué shuō cí huì
【学说词汇】

qíng dào duō yún
晴到多云 ..... sunny turn to cloudy

qǐng
请 ..... invite

zhěng jié
整洁 ..... neat, tidy

jǐn zhāng
紧张 ..... nervous

pà
怕 ..... be afraid of

bú gòu hǎo
不够好 ..... not good enough

hòu lái
后来 ..... afterwards, later

kuā jiǎng
夸奖 ..... praise

liú lì
流利 ..... fluent

shāo
烧 ..... cook

jù quán
俱全 ..... complete in all varieties

zhēn zhèng de
真正的 ..... real

xué shuō jù zi
【学说句子】

jīn tiān wǎn shang, wǒ mā ma de zhōng guó péng you wáng ā yí qǐng wǒ men dào tā jiā chī fàn

今天晚上，我妈妈的中国朋友王阿姨请我们到她家吃饭。

文件夹	收件箱	写邮件	地址簿	设置	帮助	退出

jiesi@sh3000.net-读邮件

上一封 下一封 删除 回复 全部回复 转发 附件转发 邮件另存 打印模式

发件人: May@abc.uk.net

收件人: jiesi@sh3000.net

日　期: 09June2006,8:27:44PM

主　题: 你好吗?

第二十课　两封电子邮件

（一）

杰(jié)思：

你好吗?

时间过得真快，马上就是夏天了。已经很久没跟你联系了，你一定生气了吧?我最近学习非常忙，各门课都有很多作业和测试，真不容易啊！现在我刚做完今天的作业，总算有一点时间，可以休息一下了。

你怎么样？习惯上海的生活吗？喜欢不喜欢你的新学校？学习忙不忙？对了，你还记得那位教数学的白老师吗？她结婚（jié hūn）了，而且很快就要去生孩子了。你那里的老师怎么样？有空别忘了给我写信哦（o）！

祝

一切如意！

你的朋友

梅

【认读汉字】(rèn dú hàn zì)

fēng 封　yóu 邮　gēn 跟　lián 联　xì 系　máng 忙　cè 测　zǒng 总　xiū 休　xi 息
guàn 惯　wèi 位　shù 数　qiè 切

【默写汉字】(mò xiě hàn zì)

diàn 电　yóu 邮　jiǔ 久　gēn 跟　qì 气　zuì 最　máng 忙　gāng 刚　me 么　yàng 样
guàn 惯　xiě 写　xìn 信　zhù 祝

【学说词汇】(xué shuō cí huì)

diàn zǐ yóu jiàn 电子邮件 ..... Email

gēn 跟 ..... with

shēng qì 生气 ..... be unhappy

máng 忙 ..... busy

zǒng suàn 总算 ..... finally

xí guàn 习惯 ..... to be used to

wèi 位 ..... a measure word

shēng hái zi 生孩子 ..... give birth (to)

yí qiè rú yì 一切如意 ..... everything as you wish

mǎ shàng
马上 ..... immediately

shēng huó
生活 ..... life

lián xì
联系 ..... contact

shù xué
数学 ..... mathematics

zuì jìn
最近 ..... recently

jié hūn
结婚 ..... to get married

mén
门 ..... a measure word

o
哦 ..... oh

xiū xi
休息 ..... to rest

xué shuō jù zi
【学说句子】

yǐ jing hěn jiǔ méi yǒu gēn nǐ lián xì le, nǐ yí dìng shēng qì le ba
1. 已经很久没有跟你联系了，你一定生气了吧？

wǒ zuì jìn xué xí fēi cháng máng
2. 我最近学习非常忙。

xiàn zài wǒ gāng zuò wán jīn tian de zuò yè, zǒng suǎn yǒu yì diǎn shí jiān, kě yǐ xiū xi yí xià le
3. 现在我刚做完今天的作业，总算有一点时间，可以休息一下了。

xí guàn shàng hǎi de shēng huó ma
4. 习惯上海的生活吗？

【专有词汇】
zhuānyǒu cí huì

wén jiàn jiā 文件夹……folders	shōu jiàn xiāng 收件箱……inbox
xiě yóu jiàn 写邮件……compose	dì zhǐ bù 地址簿……address book
shè zhì 设置……preference	bāng zhù 帮助……help
tuì chū 退出……logout	dú yóu jiàn 读邮件……read message
shàng yì fēng 上一封……the previous mail	xià yì fēng 下一封……the next mail
shān chú 删除……delete	huí fù 回复……reply
quán bù huí fù 全部回复……reply to all	zhuǎn fā 转发……forward
fù jiàn zhuǎn fā 附件转发……forward as attachment	lìng cún 另存……save as
dǎ yìn mó shì 打印模式……print	fā jiàn rén 发件人……addresser, from
shōu jiàn rén 收件人……recipients, to	zhǔ tí 主题……subject

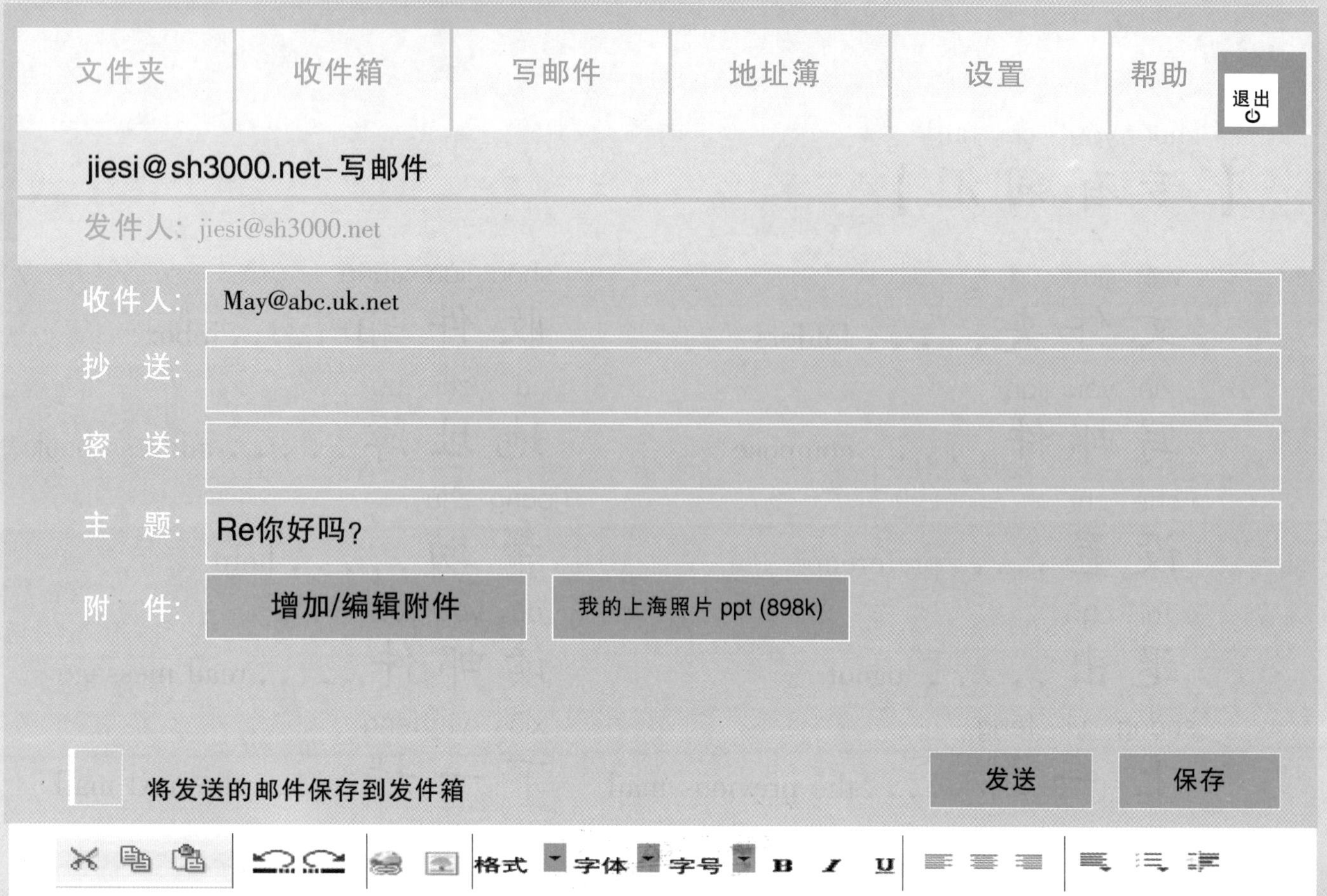

文件夹 | 收件箱 | 写邮件 | 地址簿 | 设置 | 帮助 | 退出

jiesi@sh3000.net–写邮件

发件人：jiesi@sh3000.net

收件人：May@abc.uk.net

抄　送：

密　送：

主　题：Re你好吗？

附　件：增加/编辑附件　我的上海照片 ppt (898k)

将发送的邮件保存到发件箱　发送　保存

格式　字体　字号　B　I　U

（二）

梅：

你好！

今天真高兴。因为放学回家，我一打开电脑就收到了你的电邮！谢谢你的问候！我也很想念你！

正如你说的，时间过得飞快。我离开英国，来到上海已经一年半了。上海的天气跟我家乡的天气差不多，可是夏天比较闷(mēn)热，还常常下雨。

我刚来上海的时候，不太习惯这里的生活。我觉得这里的空气没有英国好，交通也没有英国方便。另外，我只会说“你好”、“谢谢”，也没有朋友，真没意思。可是现在我已经学会一些简单的汉语了，也交了不少朋友。生活比以前习惯多了。你知道吗？现在我们家每次外出游玩，我都是父母的翻译(fān yì)呢！

在中国，最好玩的是过春节。吃汤圆(tāng yuán)、穿新衣、放鞭炮(biān pào)、玩游戏、看亲友，可热闹了！你有机会一定要来噢(o)！

再说说我的学校吧，我的学校在上海的古北新区，叫上海耀(yào)中国际学校。我很喜欢这所学校，因为这里的老师都很友好，也很有经验，课上得可有趣了！我学到了很多东西呢！

听说白老师快要生孩子了，这真是太好了！你有她的电子邮件地址吗？告诉我吧，我想给她写封电子邮件问候并祝贺她。我还有很多作业要做，就写到这里吧。

另：附件中有几张我在上海拍的照片。

祝

健康、快乐！

你的朋友

jié
杰思

rèn dú hàn zì
【认读汉字】

nǎo	niàn	yīng	xiāng	chà	jiào	tōng	biàn	lìng	jiǎn
脑	念	英	乡	差	较	通	便	另	简
yǔ	xì	qū	yàn	zhǐ	bìng	hè	jiàn	kāng	
语	戏	区	验	址	并	贺	健	康	

mò xiě hàn zì
【默写汉字】

fàng	dǎ	hòu	xiǎng	niàn	xiāng	chā	fāng	biàn	xiē
放	打	候	想	念	乡	差	方	便	些
yǔ	zhī	dào	chuān	yǒu	dì	zhǐ			
语	知	道	穿	友	地	址			

xué shuō cí huì
【学说词汇】

fàng xué
放学 ..... after school

diàn nǎo
电脑 ..... computer

wèn hòu
问候 ..... greeting

xiǎng niàn
想念 ..... miss

zhèng rú
正如 ..... just as

fēi kuài
飞快 ..... very fast

lí kāi
离开 ..... to leave

jiā xiāng
家乡 ..... hometown

chà bu duō
差不多 ..... similar

bǐ jiào
比较 ..... comparatively

mēn rè
闷热 ..... hot and stuffy

jiāo tōng
交通 ..... traffic

fāng biàn
方便 ..... convenient

lìng wài
另外 ..... in addition

jiǎn dān
简单 ..... simple

hàn yǔ
汉语 ..... chinese

yóu wán
游玩 ..... to play

fān yì
翻译 ..... interpreter

tāng yuán
汤圆 ..... dumplings made of glutinous rice flour served in soup

qīn yǒu
亲友 ..... friends and relatives

jī huì
机会 ..... opportunity

o
噢 ..... oh

gǔ běi xīn qū
古北新区 ..... Gubei new area

yǒu hǎo
友好 ..... friendly

jīng yàn
经验 ..... experience

dì zhǐ
地址 ..... address

bìng
并 ..... together with

zhù hè
祝贺 ..... to congratulate

lìng
另 ..... P.S.

fù jiàn
附件 ..... attachment

jiàn kāng
健康 ..... health

xué shuō jù zi
【学说句子】

zhèng rú nǐ shuō de shí jiān guò de fēi kuài
1. 正如你说的，时间过得飞快。

wǒ lí kāi yīng guó lái dào shàng hǎi yǐ jing yì nián bàn le
2. 我离开英国，来到上海已经一年半了。

shàng hǎi de tiān qì gēn wǒ jiā xiāng de tiān qì chà bu duō
3. 上海的天气跟我家乡的天气差不多。

wǒ jué de zhè lǐ de kōng qì méi yóu yīng guó hǎo jiāo tōng yě méi yóu yīng guó fāng biàn
4. 我觉得这里的空气没有英国好，交通也没有英国方便。

nǐ yǒu jī huì yí dìng yào lái o
5. 你有机会一定要来噢！

wǒ hái yǒu hěn duō zuò yè yào zuò jiù xiè dào zhè lǐ ba
6. 我还有很多作业要做，就写到这里吧。

fù jiàn zhōng yǒu jǐ zhāng wǒ zài shàng hǎi pāi de zhào piān
7. 附件中有几张我在上海拍的照片。

zuān yǒu cí huì
【专有词汇】

chāo sòng
抄送 ..... cc; make a copy for

zì hào
字号 ..... font size

jiāng fā sòng de yóu jiàn bǎo cún dào fá jiàn xiāng zhōng
将发送的邮件保存到发件箱中 ..... save to sent box

mì sòng
密送 ..... bcc

zēng jiā biān jí fù jiàn
增加/编辑附件 ..... add/edit attachments

fà sòng
发送 ..... sent

bǎo cún cǎo gǎo
保存草稿 ..... save draft

gé shi
格式 ..... paragraph style

zì tǐ
字体 ..... font style

nǐ rèn shi zhè xiē hàn zì ma
☺ 你认识这些汉字吗？
Do you know these characters?

hēi sè de hàn zì shì rèn dú hàn zì
☺ 黑色的汉字是认读汉字。
Black characters are required to be recognized.

hóng sè de hàn zì shì mò xiě hàn zì
☺ 红色的汉字是默写汉字。
Red characters are required to be written.

dài kuò hào de hàn zì shì nǐ zài qián liǎng cè yǐ jing rèn dú de hàn zì
☺ 带括号的汉字是你在前两册已经认读的汉字。
The characters with brackets are required to be recognized in book1 & 2.

zǒng zì shù sān bǎi líng jiǔ gè
☺ 总字数：三百零九个
Total characters：309

mò xiě zì shù èr bǎi sì shí yī gè
☺ 默写字数：二百四十一个
Total of written characters：241

shēng zì biǎo yī
生字表(一) New Characters 1

A 安 啊 阿

B 班 (帮) 把 包 必 宾 表 吧 报 办 本 (被) 半 变 伯 部 便 并

C 城 菜 穿 朝 餐 唱 草 (出) 成 从 (参) 聪 (常) 迟 宠 雌 除 测 差

D 岛 读 带 单 得 (动) 掉 朵 胆 东 顶 呆 答 低 (都) (定) 到 (但) (电) (打) (道) (地)

E (耳) 而

F 否 附 (饭) 法 服 父 封 (放) (方)

G 敢 关 馆 歌 骨 狗 怪 古 观 各 赶 够 跟 (刚) 惯

H 汉 互 还 换 (黄) 厚 话 (画) 猴 (很) 孩 候 回 活 坏 海 灰 忽 呼 贺

J 叫 交 际 级 觉 借 架 (静) 介 价 假 决 久 景 剧 急 件 捡 金 (就) 鸡 脚 极 加 经 教 几 (家) 洁 紧 奖 俱 近 较 简 健

K 卡 (课) 空 裤 扣 颗 (开) 夸 康

L 丽 流 (楼) 聊 领 林 留 立 (亮) 铃 里
谅 篮 离 练 利 联 另

M 名 马 (吗) 没 猫 梅 慢 某 (妹) (每) 母
(毛) 忙 (么)

N 难 (哪) 内 呢 宁 (拿) 您 (能) 闹 暖 脑
念

P 旁 配 (跑) (漂) 碰 怕 便 且

Q (期) 骑 浅 趣 巧 敲 奇 (起) 轻 汽 亲
(气) 切 区

R 容 忍 (然) 认 (如) (热)

S 市 所 收 绍 事 室 伤 试 深 双 沙
视 失 森 始 伞 时 湿 舒 (说) 思 (睡)
烧 数

T 图 条 (听) 免 填 台 滩 梯 题 贴 桃
偷 腾 腿 (痛) 低 庭 (厅) 通

W 完 忘 味 闻 万 望 (外) 温 (晚) (物) (玩)
袜 位

X 许 西 (喜) 习 相 选 兴 姓 心 血 洗
须 行 需 鲜 新 醒 象 (雪) 香 响 笑
幸 (向) 形 希 像 系 休 息 (写) (信) (想)

	乡	(些)	戏							
Y	勇	业	易	乐	意	又	(鱼)	预	愉	(游)
	印	叶	颜	页	(爷)	羊	(雨)	(用)	运	咬
	言	野	姨	阴	已	影	宜	于	邮	(样)
	英	语	验							
Z	作	正	针	则	主	准	张	纸	之	招
	着	竹	做	抓	(怎)	(照)	桌	整	转	钟
	(直)	(再)	(最)	总	(祝)	(知)	(友)	验	址	

shēng zì biǎo èr
生字表(二) New Characters 2

第一课　名　叫　勇　敢　丽　城　市　许　西　马
　　　　菜　岛　(喜)　交　际　级　习　汉

第二课　班　作　业　完　觉　难　忘　读　所　容
　　　　易　互　相　(帮)

第三课　图　借　(期)　还　收　卡　(哪)　关　架　选
　　　　内　安　(静)　兴　乐　(课)　介　绍　正

第四课　骑　心　血　把　伤　呢　洗　包　事　忍
　　　　针　必　须　否　则　换

第五课　空　(吗)　主　意　条　裤　流　行　试　穿
　　　　室　旁　又　价　配　(黄)　深　浅

第六课　假　决　附　近　(听)　味　(鱼)　宾　馆　便
　　　　宜　趣　需　带　厚

第七课　愉　景　新　鲜　台　单　部　预　双　(楼)
　　　　朝　久　填　表

第八课　沙　滩　没　吧　(游)　泳　系　教　得　巧
　　　　(饭)　餐

第九课　唱　(歌)　宁　视　准　闻　报　纸　(动)　之
　　　　剧　聊　然　醒

第 十 课　梅 包 掉 着 急 办 法 失 件
贴 招 捡 认 领 姓 题 万 金

第十一课　扣 象 森 林 张 服 颗 话（就）
始 兔 猫 猴 桃 骨 着

第十二课　脚 印 狗（雪）（跑）留（说）（画）梅
鸡 竹 叶

第十三课　（爷）（很）于（拿）本 页 立 颜 香
啊 草（漂）（亮）奇 怪 忽 您

第十四课　（耳）铃 古 时 候 偷 碰 响 被
（怎）半 朵（起）胆 里（出）抓

第十五课　伞 湿 舒（如）（雨）做 东 孩 顶
慢 轻 回 像 羊 变 成 活（用）
时 候（开）怕

第十六课　笑 从 呆（慢）腾（容）答

第十七课　运 某 望 咬 腿（痛）极 低（流）
幸 袜

第十八课　言（热）（能）野 谅 伯（参）加（照）
（妹）汽 坏 篮 阿 姨

第十九课
（一）（晴）际（海）闹 桌 观 整
（二）（课）（都）（介）（绍）（才）各（每）
温 暖 庭

(三) 阴 (孩) 父 亲 母 聪 (外) (向)
呼 已 经 形 影 离

(四) 思 (定) 练 而 且 (常) 希

(五) 转 (晚) 赶 到 (教) 迟 (睡) 钟
(再)

(六) (家) 宠 (物) 雌 (狗) (毛) 灰 除
(直) (玩) 几

(七) (厅) (但) 洁 紧 (怕) 够 夸 利
烧 (香) (味) 俱

第二十课

(一) 封 (电) 邮 (久) 跟 联 系 (气)
(最) 忙 测 (刚) 总 休 息 (么)
惯 (样) 位 数 (写) (信) (祝) 切

(二) (放) (打) 脑 (候) (想) 念 英 乡
差 较 通 (方) 便 另 简 (些)
语 (知) (道) (穿) 戏 (友) 区 验
(地) 址 并 贺 健 康

愉快学汉语